Anuj Kumar Parashar
Er Ajeet Kumar

Processamento de imagens de documentos baseado na extração de caraterísticas para OCR

Anuj Kumar Parashar
Er Ajeet Kumar

Processamento de imagens de documentos baseado na extração de caraterísticas para OCR

ScienciaScripts

Imprint
Any brand names and product names mentioned in this book are subject to trademark, brand or patent protection and are trademarks or registered trademarks of their respective holders. The use of brand names, product names, common names, trade names, product descriptions etc. even without a particular marking in this work is in no way to be construed to mean that such names may be regarded as unrestricted in respect of trademark and brand protection legislation and could thus be used by anyone.

Cover image: www.ingimage.com

This book is a translation from the original published under ISBN 978-620-2-06205-3.

Publisher:
Sciencia Scripts
is a trademark of
Dodo Books Indian Ocean Ltd. and OmniScriptum S.R.L publishing group

120 High Road, East Finchley, London, N2 9ED, United Kingdom
Str. Armeneasca 28/1, office 1, Chisinau MD-2012, Republic of Moldova, Europe
Managing Directors: Ieva Konstantinova, Victoria Ursu
info@omniscriptum.com

Printed at: see last page
ISBN: 978-620-8-58584-6

RESUMO

O processamento de imagens desempenha um papel vital no sistema de processamento de imagens de documentos. Para um processo de digitalização em grande escala, existem vários métodos para fornecer uma versão eletrónica de um documento em papel, sendo a digitalização do documento em papel um dos métodos mais adequados. A digitalização ótica é a nova técnica aplicada a um documento de imagem, que converte os dados de saída em bruto para o sistema de reconhecimento ótico de caracteres (OCR). O OCR converte os documentos de texto escrito em documentos electrónicos. O sistema OCR é afetado pela presença de ruído na imagem do documento digitalizado. Estes efeitos de ruído devem ser reduzidos para uma melhor análise dos caracteres do documento, o que conduzirá a um processo eficaz de extração e reconhecimento de caracteres.

O desenvolvimento de um sistema OCR é uma tarefa bastante complicada e exige muito esforço. O problema pode ser simplificado se o domínio for restrito. O OCR pode ser feito através de vários métodos, como a correspondência de padrões, a análise estatística, a deteção e correção de distorções, etc.

Nesta secção, peguei nas imagens de documentos digitalizados que contêm uma certa quantidade de ruído. Primeiro, removemos o ruído presente nestas imagens e, em seguida, extraímos os caracteres das imagens, o que inclui três fases.

Na primeira fase, inclui a deteção de todo o documento de texto e, em seguida, a deteção da linha de cadeias de caracteres. Na segunda fase, inclui a deteção das linhas do texto e a deteção dos componentes ligados no mesmo. Na terceira fase, inclui a projeção para cima e para baixo para apanhar os pontos dos caracteres como "i", "j", etc.

Depois da extração de todos os caracteres da imagem, converte o documento de texto digitalizado para a forma editável e mostra o conteúdo do documento digitalizado no bloco de notas, no qual podemos editar o texto facilmente. Em seguida, podemos efetuar o pós-processamento, como a verificação ortográfica e a formatação do documento de texto.

RECONHECIMENTO

É com grande prazer que apresentamos o relatório do projeto de mestrado realizado durante o último ano do mestrado. Temos uma dívida especial de gratidão **para com o Dr. Anuj Kumar Parashar**, Departamento de Engenharia Informática, F.E.T. Agra College Agra, pelo seu apoio e orientação constantes ao longo do nosso trabalho. A sua sinceridade, rigor e perseverança têm sido uma fonte constante de inspiração para nós. Só com o seu esforço consciente é que os nossos esforços viram a luz do dia.

Temos uma dívida especial de gratidão para com a **Dra. Anuj Kumar Parashar,** coordenadora do projeto, pelo seu apoio e orientação constantes ao longo do nosso trabalho. A sua sinceridade, rigor e perseverança têm sido uma fonte constante de inspiração para nós.

Também não queremos perder a oportunidade de reconhecer a contribuição de todos os membros do corpo docente do departamento pela sua amável assistência e cooperação durante o desenvolvimento do nosso projeto. Por último, mas não menos importante, agradecemos aos nossos amigos a sua contribuição para a realização do projeto.

Projeto apresentado por:

Nome: Ajeet kumar

ÍNDICE DE CONTEÚDOS

CAPÍTULO 1

INTRODUÇÃO

Introdução

A digitalização é a conversão de documentos de um suporte físico para um suporte digital, a partir do qual podem ser manipulados por um sistema informático. As informações que estão disponíveis em formato legível por máquina nunca devem ser convertidas em papel e digitalizadas de novo em formato legível por máquina. Uma imagem binária digitalizada que contenha texto com ruído não é uma entrada perfeita para os sistemas OCR. Se a imagem contiver ruído de fundo, isso também criará problemas no processamento do OCR, porque a maior parte dos sistemas OCR só consegue reconhecer caracteres pretos num fundo branco uniforme ou vice-versa. Por isso, estes ruídos e o ruído de fundo têm de ser eliminados da imagem do documento digitalizado para que o sistema de OCR possa ter uma melhor entrada.

A caraterística é definida como uma função de uma ou mais medições, cada uma das quais especifica uma propriedade quantificável de um objeto, e é calculada de modo a quantificar algumas caraterísticas significativas do objeto.

Classificamos as várias caraterísticas atualmente utilizadas da seguinte forma:

(a) Caraterísticas gerais: Caraterísticas independentes da aplicação, como a cor, a textura e a forma. De acordo com o nível de abstração, podem ainda ser divididos em

(i) Caraterísticas ao nível do pixel: Caraterísticas calculadas em cada pixel, por exemplo, cor, localização.

(ii) Caraterísticas locais: Caraterísticas calculadas sobre os resultados da subdivisão da banda da imagem na segmentação da imagem ou na deteção de bordos.

(iii) Caraterísticas globais: Caraterísticas calculadas sobre toda a imagem ou apenas sobre uma sub-área regular de uma imagem.

(b) Caraterísticas específicas do domínio: Caraterísticas dependentes da aplicação, tais como rostos humanos, impressões digitais e caraterísticas conceptuais.

Estas caraterísticas são frequentemente uma síntese de caraterísticas de baixo nível para um domínio específico. Por outro lado, todas as caraterísticas podem ser classificadas de forma grosseira em caraterísticas de baixo nível e caraterísticas de alto nível. As caraterísticas de baixo nível podem ser extraídas diretamente das imagens originais, enquanto a extração de caraterísticas de alto nível tem de se basear em caraterísticas de baixo nível.

Existem muitos métodos de remoção e suavização de ruído disponíveis na literatura para a extração de caraterísticas de documentos digitalizados. O método de binarização funciona bem para limpar o ruído de fundo, mas não funciona corretamente para outros tipos de ruído. Todos os outros métodos limpam o ruído até um certo nível, mas não completamente. Também podemos determinar o valor do limiar de diferentes imagens de documentos digitalizados utilizando o método global Thresholding, que se baseia no algoritmo *de 'otsu'.*

OCR é uma abreviatura de "optical character recognition" (reconhecimento ótico de caracteres) e consiste no reconhecimento de caracteres de texto impresso ou escrito por um computador. Este processo envolve a digitalização do texto carácter a carácter, a análise da imagem digitalizada e, em seguida, a tradução da imagem dos caracteres em códigos de caracteres, como os códigos ASCII, normalmente utilizados no processamento de dados.

No processamento de OCR, a imagem digitalizada ou mapa de bits é analisada quanto à região de fundo e de primeiro plano, a fim de identificar cada letra alfabética ou dígito numérico. Quando um carácter é reconhecido, é convertido num código ASCII. Para acelerar o processo de reconhecimento, são utilizadas placas de circuito especiais e chips de computador concebidos expressamente para o OCR. O desenvolvimento de um sistema de OCR é uma tarefa bastante complicada e exige um grande esforço. O problema pode ser simplificado se o domínio for restrito. O OCR pode ser feito através de vários métodos, como a correspondência de padrões, a análise estatística, a deteção e correção de distorções, etc.

Nesta secção, peguei nas imagens de documentos digitalizados que contêm uma certa quantidade de ruído. Primeiro, removemos o ruído presente nestas imagens e, em seguida, extraímos os caracteres das imagens, o que inclui três fases. Na primeira fase, inclui a deteção de todo o documento de texto e, em seguida, a deteção da linha de caracteres. Na segunda fase, inclui a deteção das linhas do texto e a deteção dos componentes ligados no mesmo. Na terceira fase, inclui a projeção para cima e para baixo para apanhar os pontos dos caracteres como "i", "j", etc. Em seguida, após a extração de todos os caracteres da imagem, converte o documento de texto digitalizado para a forma editável e mostra o conteúdo do documento digitalizado no bloco de notas, no qual podemos editar o texto facilmente. Em seguida, podemos efetuar o pós-processamento, como a verificação ortográfica e a formatação do documento de texto.

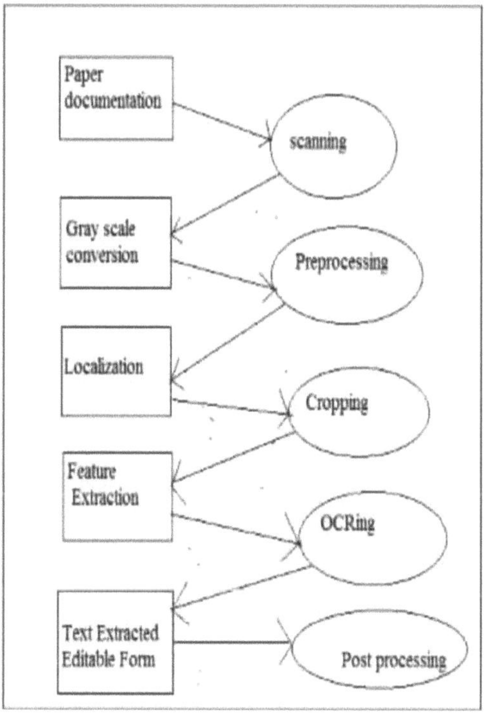

Figl.l Representação esquemática do trabalho proposto

1.1 Motivação

As necessidades de reconhecimento ótico de caracteres têm aumentado no mundo, o reconhecimento ótico de caracteres para a língua inglesa já foi implementado por outros países e o reconhecimento ótico de caracteres (OCR) é uma ferramenta para documentos capturados ou dados digitalizados, uma vez que reconhece texto que pode ser editado, a partir do formato de imagem para o qual o documento é digitalizado. No entanto, alguns OCR podem não conseguir reconhecer muitos elementos da língua inglesa, o que pode constituir um problema aquando da conversão da imagem em texto. Para este efeito, foi desenvolvido e disponibilizado um OCR especial em inglês para satisfazer a necessidade dos utilizadores de que o OCR reconheça todo o texto em inglês.

Assim, estas razões motivaram-me a realizar o projeto de OCR (Optical Character Recognition). O projeto de OCR foi financiado pelo Ministério do Governo indiano e está a funcionar em onze institutos da Índia, incluindo o IIT Delhi. Estou a realizar este projeto sob a orientação do **Dr. Anuj Kumar Parashar,** que me motiva e sugere a realização do meu projeto em OCR e decidi trabalhar no sistema OCR para a extração de caraterísticas. Existem muitas etapas no sistema OCR para documentos de texto digitalizados, como pré-processamento, limpeza de ruído, verificação e reconhecimento de caracteres, localização como localização de texto, corte, extração de caracteres são as várias etapas do desenvolvimento do sistema de reconhecimento ótico de caracteres.

1.2 Declaração do problema

Uma imagem de texto binário digitalizado é constituída por partículas de ruído. O resultado do ruído é um aspeto irregular das imagens digitalizadas quando examinadas de perto. O ruído é mais percetível em áreas uniformemente escuras ou claras e, desta forma, é bastante difícil encontrar os caracteres do texto, razão pela qual o documento de texto digitalizado não é uma entrada perfeita para os sistemas OCR. Devido à presença destes ruídos, os sistemas de OCR não funcionam corretamente. Estes efeitos de ruído devem ser reduzidos para uma melhor análise dos documentos com caracteres, o que conduzirá a um processo eficiente de extração e reconhecimento de caracteres.

Imagens de introdução de texto:

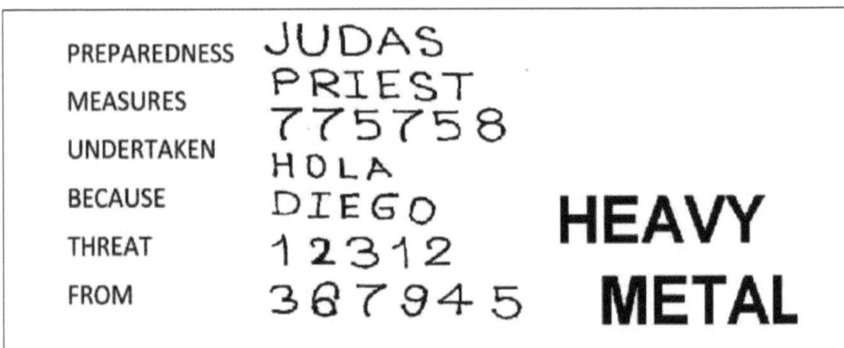

Fig 1.2.1 Input text image in .jpg format Fig1.2.2 Input text image in .jpg format Fig 1.2.3 Input text image in .jpg format

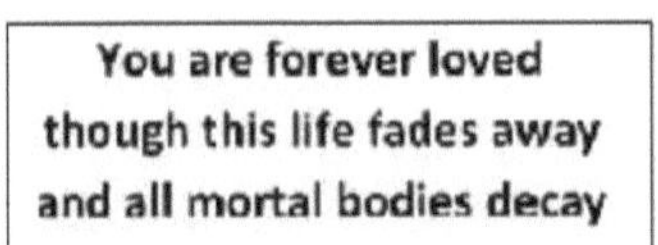

Fig1.2.4Input text image in .png format

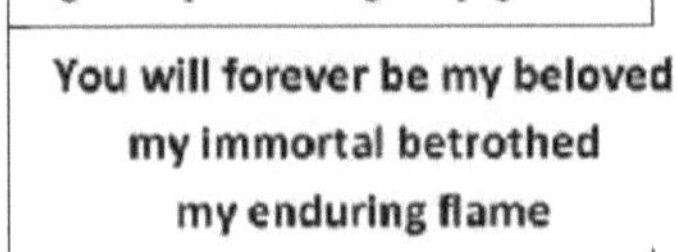

Fig 1.2.5Input text image in .jpg format

Fig 1.2Imagens de entrada de texto em formato .png e .jpg

1.3 Breve descrição do relatório por capítulos:

No capítulo 2, apresentei a pesquisa bibliográfica sobre a extração de caraterísticas dos documentos de texto digitalizados utilizando diferentes abordagens e métodos.

No capítulo 3, apresentei o método e a abordagem que estamos a aplicar ao documento de imagem para extrair as caraterísticas e os caracteres em forma editável.

No capítulo 4, apresentei o pré-processamento da imagem do documento, que estamos a utilizar para remover o conteúdo de ruído presente na imagem. Apresentei o método através do qual podemos extrair as caraterísticas das imagens de documentos digitalizados, que inclui a verificação e o reconhecimento de caracteres e, em seguida, a extração através de técnicas de localização e recorte.

No capítulo 5, apresentei o método através do qual podemos extrair as caraterísticas das imagens de documentos digitalizados, que inclui a verificação e o reconhecimento dos caracteres e, em seguida, a extração através de técnicas de localização e recorte.

No capítulo 6, .1 foi apresentado o resultado da implementação de diferentes tipos de imagens de documentos digitalizados.

No capítulo 7, apresentamos a conclusão e o resumo de todo o trabalho. Também apresentamos as direcções futuras do meu projeto, que é o pós-processamento de texto editável e também podemos transformar o documento pós-processado em forma de imagem e guardá-lo, o que podemos utilizar no futuro.

CAPÍTULO 2

ESTUDO EXAUSTIVO DA LITERATURA

Levantamento exaustivo da literatura

O reconhecimento ótico de caracteres é um processo de reconhecimento automático de diferentes caracteres a partir de uma imagem de um documento digitalizado. O processo envolve uma análise de reconhecimento clara e inequívoca e a compreensão do conteúdo do documento. O processamento de documentos, como é óbvio, significa o processamento automático de dados sob a forma de uma imagem de documento.

A nova área de investigação está a evoluir rapidamente em muitas direcções diferentes e exige novos algoritmos, ferramentas e ambientes de processamento capazes de fornecer aos utilizadores em geral formas simples de visualizar, imprimir, transcrever, comprimir, armazenar e transmitir através de redes essas imagens. São muitos os problemas que surgem no processo de digitalização de documentos, o primeiro é a remoção do fundo. Muitas vezes a imagem do documento ultrapassa o tamanho do documento e incorpora partes da área que serviu de suporte mecânico durante a digitalização do documento. O segundo problema é devido à distorção frequentemente encontrada na imagem em relação aos eixos da imagem, uma vez que os documentos não têm um suporte mecânico fixo, muitas vezes existe algum grau de inclinação na imagem do documento. O terceiro problema é a perspetiva não frontal, devido às mesmas razões que dão origem à distorção. No caso dos documentos digitalizados, é muito frequente que os documentos nem sempre sejam corretamente colocados no scanner de mesa, quer manualmente pelos operadores, quer pelo dispositivo de alimentação automática. As imagens enviesadas são desagradáveis para a visualização humana, introduzem dificuldades adicionais na leitura de texto, exigem espaço adicional para armazenamento, degradam o desempenho do OCR, etc. Uma remoção automática do contorno de fundo de imagens de documentos obtidas com imagens digitais portáteis deve impor o mínimo de restrições possível, porque os utilizadores tendem a adquirir essas imagens de documentos em condições não ideais de cor, textura, iluminação da superfície em que o documento é colocado para digitalização, perspetiva câmara-documento, etc.

Os erros que surgem durante a digitalização e o processamento do documento são erros de caracteres (substituição de caracteres), caracteres em falta, inserção de caracteres, erros de acentuação gráfica, erros de palavras (número de palavras incorrectas), palavras em falta (palavras completas não transcritas), erros de pontuaçao, etc.

A extração de caraterísticas consiste em simplificar a quantidade de recursos necessários para descrever com precisão um grande conjunto de dados. Quando se efectua a análise de dados complexos, um dos principais problemas resulta do número de variáveis envolvidas. A extração de caraterísticas é um termo geral para os métodos de construção de combinações das variáveis para contornar estes problemas, continuando a descrever os dados com precisão suficiente.

Nesta secção, peguei nas imagens de documentos digitalizados que contêm uma certa quantidade de ruído. Primeiro, removemos o ruído presente nestas imagens e, em seguida, extraímos os caracteres das imagens, o que inclui três fases. Na primeira fase, inclui a deteção de todo o documento de texto e, em seguida, a deteção da linha de caracteres. Na segunda fase, inclui a deteção das linhas do texto e a deteção dos componentes ligados no mesmo. Na terceira fase, inclui a projeção para cima e para baixo para apanhar os pontos dos caracteres como "i", "j", etc.

Depois da extração de todos os caracteres da imagem, converte o documento de texto digitalizado para a forma editável e mostra o conteúdo do documento digitalizado no bloco de notas, no qual podemos editar o texto facilmente. Depois, podemos efetuar o pós-processamento, como a verificação ortográfica e a formatação do documento de texto. Extraímos as caraterísticas do documento de texto digitalizado aplicando o OCR ao documento de texto digitalizado através da codificação do laboratório de matrizes. Através desta codificação, podemos extrair apenas o texto presente na imagem.

CAPÍTULO 3

MÉTODO E ABORDAGEM PROPOSTOS

Método e abordagem propostos

3.1 Pré-processamento:

O pré-processamento é o primeiro passo para a análise de documentos digitalizados, de modo a que o documento digitalizado apresente resultados mais impressionantes. O objetivo do pré-processamento é melhorar a qualidade do documento digitalizado. Nesta secção, começamos por pré-processar o documento de imagem; a técnica de pré-processamento aqui utilizada é a binarização. Nesta técnica, um documento digitalizado é convertido de cor ou escala de cinzentos para uma representação de dois níveis. O objetivo de transformar uma imagem numa forma binarizada é marcar os pixels que pertencem às regiões de primeiro plano com uma intensidade única e à região de fundo com uma intensidade diferente.

3.2 Localização:

A localização de texto é o processo de determinar a localização do texto na imagem e gerar caixas delimitadoras à volta do texto. O seguimento do texto é efectuado para reduzir o tempo de localização do texto e para manter a integridade da posição nos fotogramas adjacentes. Embora a localização exacta do texto numa imagem possa ser indicada por caixas delimitadoras, o texto tem de ser segmentado do fundo para facilitar o seu reconhecimento. Isto significa que a imagem de texto extraída tem de ser convertida em imagem binária e melhorada antes de ser enviada para o sistema OCR.

3.3 Extração de caracteres:

A extração de texto ou de caracteres é a fase em que os componentes do texto são segmentados do fundo. É necessário melhorar os componentes de texto extraídos, uma vez que a região do texto tem normalmente uma resolução baixa e está sujeita a ruído. Por conseguinte, as imagens de texto extraídas podem ser transformadas em texto simples utilizando a tecnologia OCR.

3.4 Reconhecimento ótico de caracteres:

OCR é uma abreviatura de "optical character recognition" (reconhecimento ótico de caracteres) e consiste no reconhecimento de caracteres de texto impresso ou escrito por um computador. Isto envolve a digitalização do texto carácter a carácter e, em seguida, a tradução da imagem do carácter em códigos de caracteres, como os códigos ASCII, normalmente utilizados no processamento de dados. A digitalização ótica é a nova técnica aplicada a um documento de imagem, que converte os dados brutos de saída para o sistema de reconhecimento ótico de caracteres (OCR).

O OCR converte os documentos de texto escrito em documentos electrónicos.

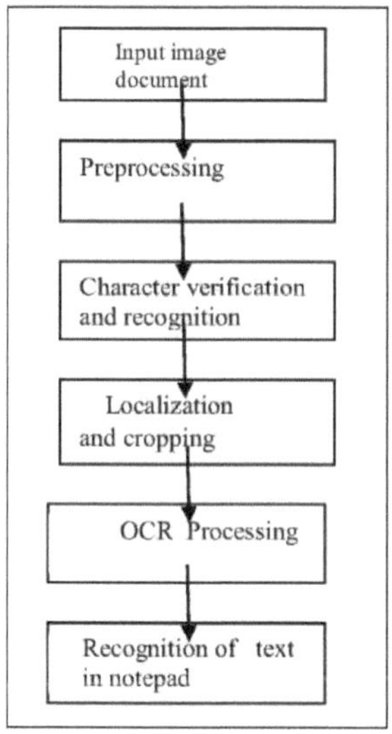

Fig3.1 Fluxograma do trabalho proposto

CAPÍTULO 4

PREPROCESSAMENTO

Pré-processamento

4.1 Pré-processamento:

O pré-processamento é o primeiro passo para a análise de documentos digitalizados, de modo a que o documento digitalizado apresente resultados mais impressionantes. O objetivo do pré-processamento é melhorar a qualidade do documento digitalizado. Nesta secção, começamos por pré-processar o documento de imagem; a técnica de pré-processamento aqui utilizada é a binarização. Nesta técnica, um documento digitalizado é convertido de cor ou escala de cinzentos para uma representação de dois níveis. O objetivo de transformar uma imagem numa forma binarizada é marcar os pixels que pertencem às regiões de primeiro plano com uma intensidade única e à região de fundo com uma intensidade diferente.

4.2 Binarização:

Um método de binarização é a binarização de uma imagem através da extração do valor da caraterística da imagem. Quando um pixel é selecionado numa imagem, a sensibilidade é adicionada e/ou subtraída do valor relativo ao valor do pixel selecionado para definir um intervalo de valores limite. Em seguida, quando é selecionado outro pixel, a sensibilidade é adicionada ou subtraída ao valor relativo ao valor do pixel selecionado e é definido um novo intervalo de valores limiares que contém o resultado do cálculo e o intervalo de valores limiares já definido. O pixel com o valor relativo ao valor de qualquer pixel na imagem dentro do intervalo de valores limite é extraído com o mesmo brilho que o pixel selecionado e o resultado da extração é apresentado.

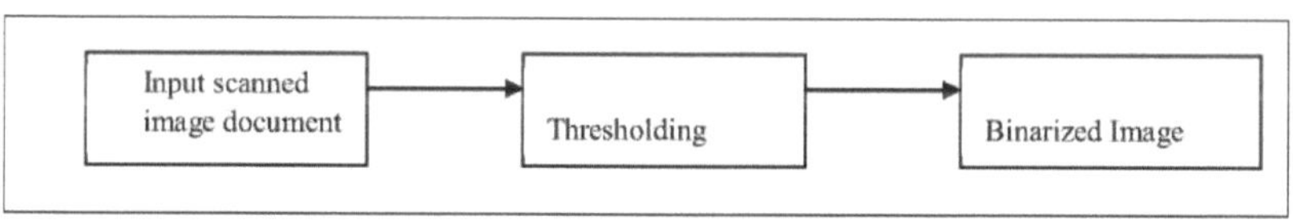

Fig4.1Binarização da imagem digitalizada do documento por limiarização

4.3 Histograma:

Nesta secção, traçámos o histograma das imagens em escala de cinzentos. Em primeiro lugar, li a imagem do documento digitalizado em formato .png e guardei-a em matrizes bidimensionais. A entrada nas matrizes bidimensionais consiste em valores entre 0 e 255, porque inicialmente a imagem está a nível de cinzento.

Um histograma é uma representação gráfica de frequências tabeladas. Um histograma é a versão gráfica de uma tabela que mostra a proporção de casos que se enquadram em cada uma de várias ou muitas categorias especificadas. O histograma difere de um gráfico de barras na medida em que é a área da barra que denota o valor, e não a altura, uma distribuição crucial quando as categorias não são de largura uniforme.

Um histograma de imagem calcula o número de pixels em cada brilho entre 0 e 255. Ou, por outras palavras, um histograma é uma função de distribuição de probabilidades:

$$p(g) = n_g / n \qquad (1)$$

É o número de pixéis n com intensidade de cinzento g como uma fração do número total de pixéis n.

4.4 Limiarização:

A limiarização é a técnica que transforma a imagem em escala de cinzentos numa imagem de dois níveis, ou seja, na forma de 0 ou 1, em que "0" representa os pixéis pretos e "1" representa os pixéis brancos no documento de imagem. O objetivo da limiarização é extrair do documento de imagem os pixels que representam o objeto, que pode ser escrito em texto ou imagem. Existem diferentes métodos disponíveis para a limiarização:

(a) Método de limiarização global
(b) Método de limiarização adaptativo ou local

No método de limiarização global, é utilizado um único limiar para todos os pixels de uma imagem. Quando os valores dos pixéis dos componentes e do fundo são bastante consistentes nos respectivos valores, em toda a imagem do documento. Cada pixel do documento é atribuído ao primeiro ou segundo plano de toda a página com base nos seus valores de cinzento. Os métodos globais são computacionalmente pouco dispendiosos e dão bons resultados para os documentos digitalizados.

No método de limiarização adaptativo ou local, são utilizados diferentes valores de limiar para diferentes regiões locais da imagem. Cria pixéis de imagem a preto e branco analisando cada pixel em relação ao pixel vizinho. O método adaptativo também dá melhores resultados, mas é mais lento do que o método de limiarização global.

A segmentação envolve a separação de uma imagem em diferentes regiões (ou os seus contornos) correspondentes a objectos. Normalmente, tentamos segmentar regiões identificando propriedades comuns. Ou, de forma semelhante, identificamos os contornos através da identificação das diferenças entre regiões (bordos). Uma das formas mais simples de segmentar estas regiões é através da limiarização, a separação das regiões claras (fundo) e escuras (primeiro plano). A limiarização cria imagens binárias a partir de imagens de nível cinzento, transformando todos os pixels abaixo de um determinado limiar em zero e todos os pixels acima desse limiar em um.

Se a função g(x,y) é uma versão limiar da função f(x,y) num certo limiar global T, então

$$g(x,y) = \begin{cases} 1 & \text{if } f(x,y) \geq T \\ 0 & \text{otherwise} \end{cases} \qquad (2)$$

1

4.4.1 Problema com o Thresholding:

O principal problema do Thresholding é o facto de considerarmos apenas as intensidades e não qualquer relação entre os pixels. Não existe qualquer garantia de que os pixéis identificados pelo processo de limiarização sejam contíguos. Facilmente incluímos pixéis estranhos que não fazem parte do desejado, e podemos também facilmente perder pixéis isolados dentro das regiões (especialmente os limites da Região). Estes efeitos pioram à medida que o ruído aumenta, simplesmente porque é mais provável que a intensidade do pixel não represente as intensidades normais na região.

Quando utilizamos o Thresholding, temos normalmente de jogar com ele, perdendo demasiado da região e obtendo demasiados pixéis de fundo estranhos. (As sombras de objectos na imagem são também uma verdadeira dor de cabeça, não só quando caem sobre outro objeto, mas também quando são erradamente incluídas como parte de um objeto escuro num fundo claro).

4.4.2 Limiarização local:

Outro problema com a limiarização global é que a alteração da iluminação em toda a cena pode fazer com que uma parte seja mais brilhante (na luz) e outra parte mais escura (na sombra) de formas que nada têm a ver com o objeto na imagem. Podemos lidar, pelo menos em parte, com essa iluminação irregular determinando o limiar localmente.

Ou seja, em vez de termos um único limiar global, permitimos que o próprio limiar varie suavemente ao longo da imagem.

4.4.3 Método automatizado para encontrar o limiar:

Para definir um limiar global ou para adotar um limiar local para uma área, normalmente analisamos o histograma para ver se podemos encontrar dois ou mais modos distintos, um para o primeiro plano e outro para o fundo.

4.4.4 Distribuição conhecida:

O objeto que procuramos é mais brilhante do que o fundo e ocupa uma determinada fração 1/p da imagem, podemos definir o limiar encontrando simplesmente o nível de intensidade tal que a percentagem desejada de pixels da imagem esteja abaixo deste valor. Este valor é facilmente extraído do histograma cumulativo:

$$c(g) = \sum_{0}^{g} p(g) \qquad (3)$$

Basta definir o limiar T de modo a que c(T) =l/p. (Ou, se estivermos à procura de um objeto escuro num fundo claro, c(T)=l - 1/p)

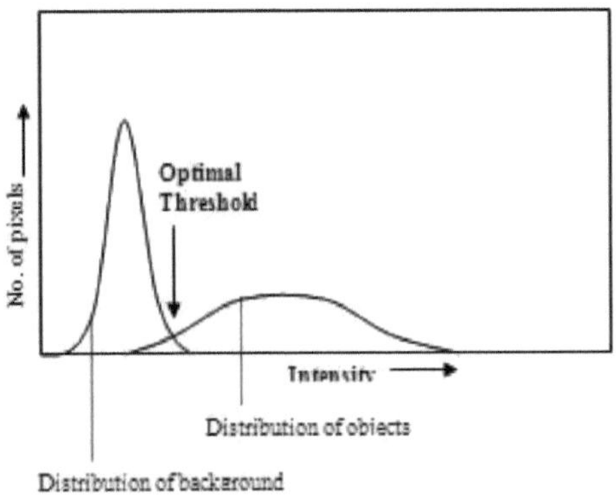

Fig4.2 Representação gráfica do limiar

4.5 O método Otsu:

Em 1979, Otsu propôs um algoritmo para a seleção automática de limiares a partir do histograma de uma imagem. Trata-se de um método de limiarização global, que armazena as intensidades dos pixels numa matriz. Com base no limiar calculado pelo algoritmo de Otsu, cada píxel é definido como 0 ou 1, ou seja, em segundo plano (branco) ou em primeiro plano (preto). O limiar de uma imagem pode ser calculado através da média e da variância de uma imagem.

Neste caso, os pixéis são divididos em 2 classes, Ci com níveis de cinzento [1, ...,t] e C2 com níveis de cinzento [t+1,... ,L]. A distribuição de probabilidade para as duas classes é dada por:

$$C_1: p_1/w_1(t), \ldots\ldots\ldots p_t/w_t(t) \quad and \tag{4}$$

$$C_2: p_{t+1}/w_2(t), \ldots\ldots\ldots p_L/w_2(t) \tag{5}$$

$$Where \quad w_1(t) = \sum_{i=1}^{t} p_i$$

$$and \quad w_2(t) = \sum_{i=t+1}^{L} p_i \tag{6}$$

Além disso, as médias para as duas classes são:

$$\mu_1 = \sum_{i=1}^{t} i\, p_i / w_1(t)$$

$$\mu_2 = \sum_{i=t+1}^{t} i\, p_i / w_2(t) \tag{7}$$

e utilizando a Análise Discriminada, Otsu definiu a variância entre classes da imagem de limiar como:

$$\sigma_B^2 = w_t (\mu_1 - \mu_2) + w_2 (\mu_2 - \mu_1) \tag{8}$$

Para a limiarização de dois níveis, Otsu verificou que o limiar ótimo t* é escolhido de modo a que a variância entre classes B seja maximizada, ou seja

$$t^* = \underset{t<L}{\text{Arg Max}} \{\sigma_B^2 (t)\} \tag{9}$$

A vantagem do método de otsu é o facto de ser muito simples e fácil de calcular. Uma vez que se trata de um algoritmo global, é adequado para imagens com intensidades iguais

Figuras de entrada de texto:

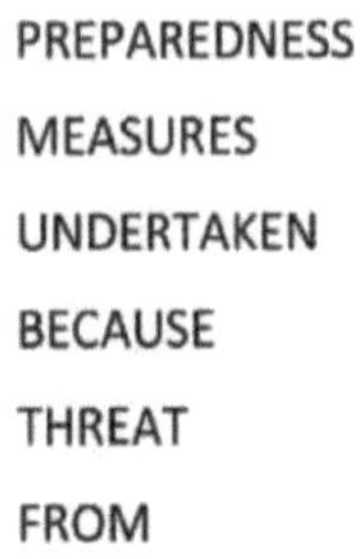

Fig.4.3.1Input text image in *jpg format

Fig 4.3.2 Input text image in *jpg format

Fig 4.3.3Input text image in *jpg format

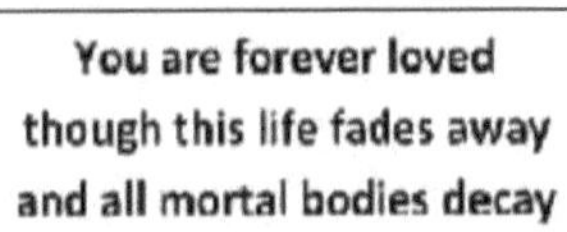

Fig4.3.4 Input text image in *png format

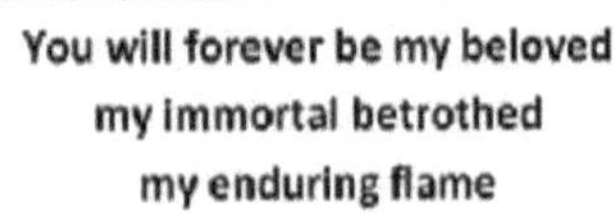

Fig4.3.5 Input text image in *jpg format

Histograma correspondente das imagens de entrada:

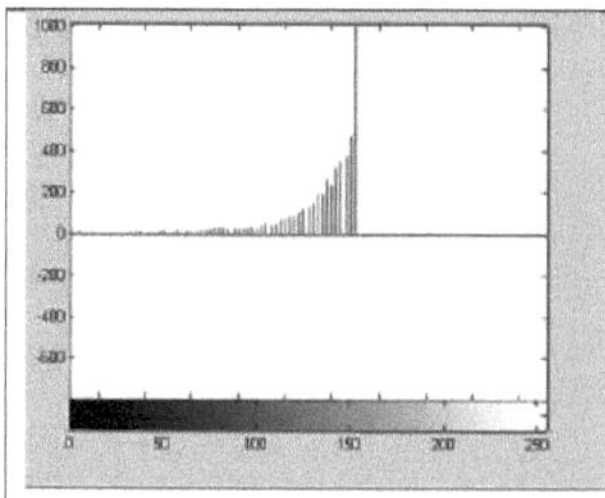

Fig 4.3.6 Histogram of input text image

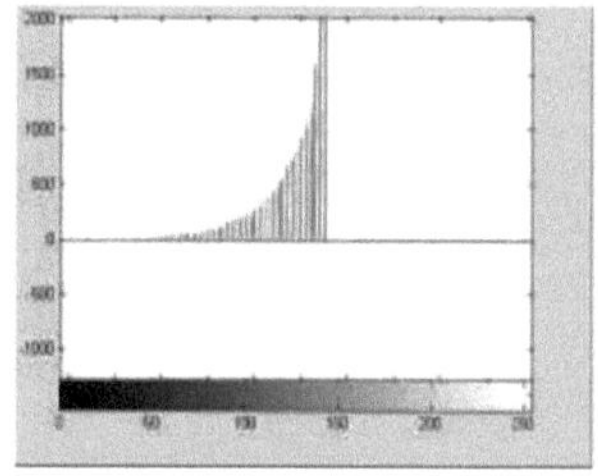

Fig4.3.7 Histogram of input text image

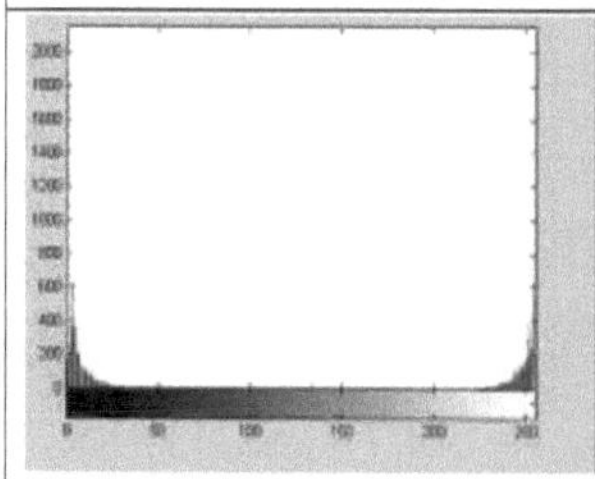

Fig 4.3.8 Histogram of input text image

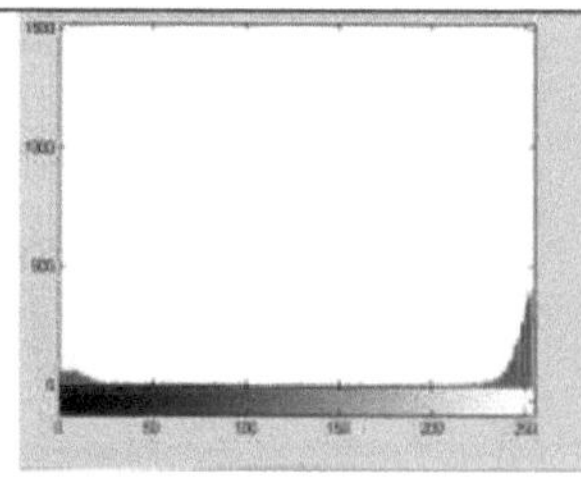

Fig 4.3.9 Histogram of input text image

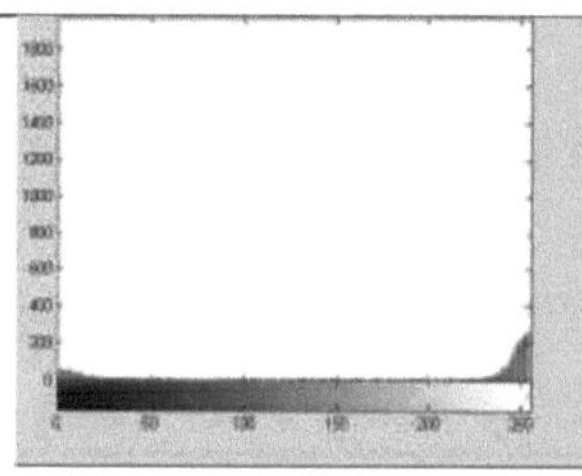

Fig4.4.10 Histogram of input text image

Figura 4.3.Texto Imagens de entrada e histograma correspondente das imagens de entrada.

CAPÍTULO 5

EXTRACÇÃO DE CARACTERÍSTICAS

Extração de caraterísticas

5.1 Verificação e reconhecimento de caracteres:

Os caracteres são o conteúdo de uma linha ou de uma cadeia de caracteres, sendo que diferentes linhas e cadeias de caracteres formam um único documento. Assim, temos de verificar os caracteres presentes numa cadeia de caracteres e, em seguida, podemos reconhecê-los facilmente. O alinhamento é a propriedade através da qual podemos verificar os caracteres e, assim, organizá-los numa determinada ordem. Neste caso, estamos a aplicar a abordagem heurística que divide os caracteres coerentes, combina as partes separadas dos caracteres e verifica os candidatos a bloco dos caracteres.

5.2 Localização:

A localização é o processo de determinar a localização do texto na imagem e gerar caixas delimitadoras à volta do texto. Os dados de texto presentes em imagens e vídeos contêm informações úteis para anotação automática, indexação e estruturação de imagens. A extração destas informações envolve a deteção, localização, seguimento, extração, melhoramento e reconhecimento do texto de uma determinada imagem. Os métodos de localização de texto podem ser classificados em dois tipos: baseados em regiões e baseados em texturas.

5.1.1 Localização de texto:

A localização de texto é o processo de determinar a localização do texto na imagem e gerar caixas delimitadoras à volta do texto. O seguimento do texto é efectuado para reduzir o tempo de localização do texto e para manter a integridade da posição nos fotogramas adjacentes. Embora a localização exacta do texto numa imagem possa ser indicada por caixas delimitadoras, o texto tem de ser segmentado do fundo para facilitar o seu reconhecimento. Isto significa que a imagem de texto extraída tem de ser convertida em imagem binária e melhorada antes de ser enviada para o sistema OCR. Os métodos de localização de texto podem ser classificados em dois tipos: baseados em regiões e baseados em texturas.

Métodos baseados em regiões:

Os métodos baseados em regiões utilizam as propriedades da cor ou da escala de cinzentos numa região de texto ou as suas diferenças com as propriedades correspondentes do fundo. Estes métodos podem ainda ser divididos em duas sub-abordagens: baseados em componentes ligados (CC) e baseados em arestas. Estas duas abordagens funcionam de forma ascendente, identificando subestruturas, como CCs ou arestas, e fundindo-as para marcar caixas delimitadoras para o texto.

Métodos baseados na CC:

Os métodos baseados em CC utilizam uma abordagem ascendente, agrupando pequenos componentes em componentes sucessivamente maiores até que todas as regiões sejam identificadas na imagem. É necessária uma análise geométrica para fundir os componentes de texto utilizando a disposição espacial dos componentes, de modo a filtrar os componentes não textuais e marcar os limites das regiões de texto.

Métodos baseados em arestas:

Entre as várias propriedades textuais de uma imagem, os métodos baseados nos limites centram-se no "elevado contraste entre o texto e o fundo". As margens do limite do texto são identificadas e fundidas e, em seguida, são utilizadas várias heurísticas para filtrar as regiões sem texto. Normalmente, é utilizado um filtro de margens (por exemplo, um operador canny) para a deteção de margens e uma operação de suavização ou um operador morfológico para a fase de fusão.

Métodos baseados em texturas:

Os métodos baseados na textura utilizam a observação de que o texto nas imagens tem propriedades texturais distintas que o distinguem do fundo. As técnicas baseadas em filtros Gabor, Wavelet, FFT, variância espacial, etc. podem ser utilizadas para detetar as propriedades texturais de uma região de texto numa imagem.

5.1.2 Cultivo:

O recorte é o processo de remoção de pixels selecionados de uma imagem digital. Por vezes, pode ser referido como normalização da imagem ou recorte automático, em que a região de interesse é determinada utilizando a técnica de recorte. Basicamente, a região de interesse é o próprio objeto da assinatura e, utilizando o método de recorte, segmentamos a assinatura sem problemas. Existem dois tipos de técnicas de recorte geralmente utilizadas: o recorte manual e o recorte automático. O recorte manual é conseguido através da programação em laboratório, enquanto o recorte automático é efectuado pelo próprio sistema de software programado. No nosso projeto, fizemos a programação manual, que se baseia no recorte manual.

5.3 Extração de caracteres:

A extração de texto ou de caracteres é a fase em que os componentes de texto são segmentados do fundo. É necessário melhorar os componentes de texto extraídos, uma vez que a região do texto tem normalmente uma resolução baixa e está sujeita a ruído. Por conseguinte, as imagens de texto extraídas podem ser transformadas em texto simples utilizando a tecnologia OCR.

5.3.1 Deteção de linhas:

Para detetar linhas de texto, o que mais tarde será útil para determinar a ordem dos caracteres, podemos fazer a projeção horizontal da página. Neste caso, as linhas adjacentes na imagem, com um número muito pequeno de pixéis, constituem uma quebra de linha.

5.3.2 Extração de componentes ligados:

Neste caso, extraímos os componentes ligados de cada linha; o OCR começa no canto superior direito de cada linha e remove os intervalos de contacto dos pixéis pretos.

5.3.3 Extração de componentes separados:

Neste caso, extraímos o carácter separado de cada linha. Depois de isolar os caracteres de cada linha, determinamos um conjunto de propriedades para cada carácter. O conjunto de propriedades é atualmente um vetor de 29 elementos, mas pode ser modificado para acomodar mais ou menos caraterísticas, se necessário. Os primeiros 25 elementos são a proporção de preto e branco em cada uma das 25 sub-regiões iguais do carácter.

5.3.4 Projeção de caracteres especiais acima e abaixo:

A extração de caracteres como 'i', 'j', pendurados diretamente acima ou abaixo do componente. Ignora componentes que estão apenas minimamente acima ou abaixo do componente extraído, como quando a cauda de um 'y' se estende abaixo da letra que o precede. Depois de extrair os caracteres individuais de um documento e determinar as suas propriedades, comparámo-los com o conjunto aprendido.

5.3.5 Divisão de caracteres largos:

Após a projeção de caracteres pequenos, o OCR divide o carácter no seu ponto mais estreito. Se o carácter for assumido do lado esquerdo da divisão mais alto do que antes, o carácter é assumido como unido e a divisão mantém-se, caso contrário a divisão é revertida.

5.3.6 Fusão de caracteres estreitos:

Depois de separar os caracteres largos da cadeia, o OCR irá fundir os caracteres estreitos. Se o carácter for assumido no lado direito, o OCR irá fundir excecionalmente os caracteres estreitos e de baixa confiança, se vierem em sequência, verificando se o resultado do carácter fundido é de maior confiança do que antes.

5.4 OCR Texto editável:

OCR é a abreviatura de "optical character recognition" (reconhecimento ótico de caracteres); é o reconhecimento de caracteres de texto impressos ou escritos por um computador. O desenvolvimento de um sistema de OCR é uma tarefa bastante complicada e exige muito esforço. O problema pode ser simplificado se o domínio for restrito. O OCR pode ser efectuado através de vários métodos, como a correspondência de padrões, a análise estatística, a deteção e correção de distorções, etc. O OCR converte os documentos de texto escrito em documentos electrónicos, convertendo assim a imagem de texto digitalizada em formato editável, e podemos obter o conteúdo editável da imagem de texto no bloco de notas.

CAPÍTULO 6

RESULTADOS DA IMPLEMENTAÇÃO

Resultados da implementação

6.1. Entrada de texto Imagem 1:

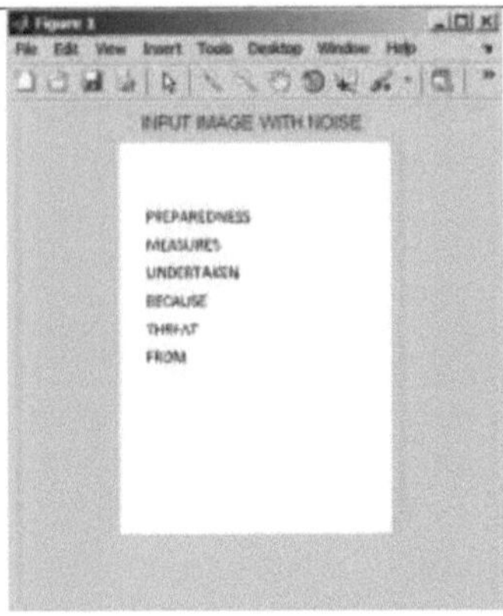

Fig 6.1.1.Input image with noise

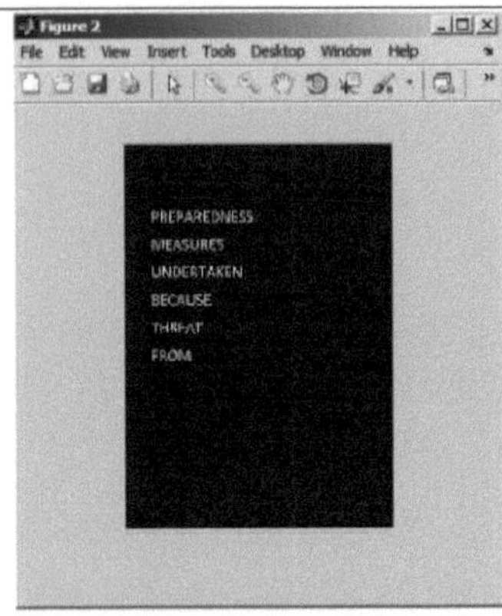

Fig 6.1.2. Preprocessing of input image

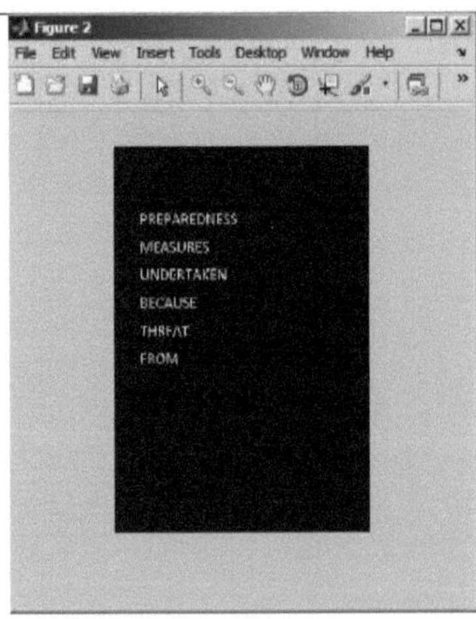

Fig 6.1.3. Imagem após a remoção do ruído

Fig 6.1.4 Line or string Detection from the scanned image

Fig 6.1.5 Detection of connected components of a string

Fig 6.1.6 Line or string Detection from the scanned image

Fig 6.1.7 Detection of connected components of a string

Fig 6.1.8 Line or string Detection from the scanned image

Fig 6.1.9 Detection of connected components of a string

Fig 6.1.10. Line or string Detection from the scanned image

Fig 6.1.11 Detection of connected components of a string

Fig 6.1.12 Line or string Detection from the scanned image

Fig 6.1.13Detection of connected components of a string

Fig 6.1.14 Line or string Detection from the scanned image

Fig 6.1.15 Detection of connected components of a string

Fig 6.1.16 Caraterísticas extraídas da imagem digitalizada em formato editável

6.2. Entrada de texto Imagem 2:

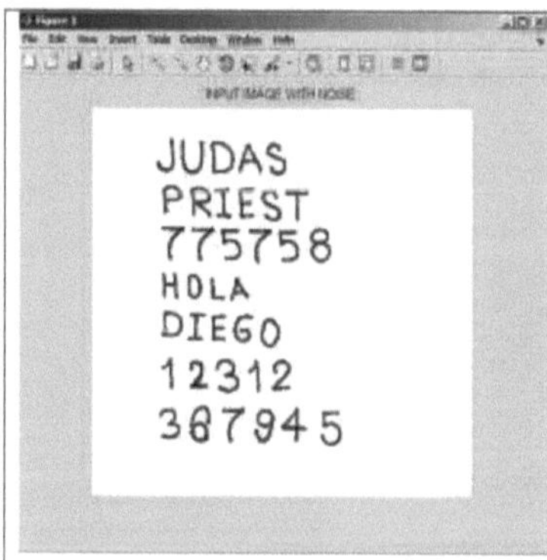

Fig6.2.1. Input image with noise

Fig6.2.2 Preprocessing of input image

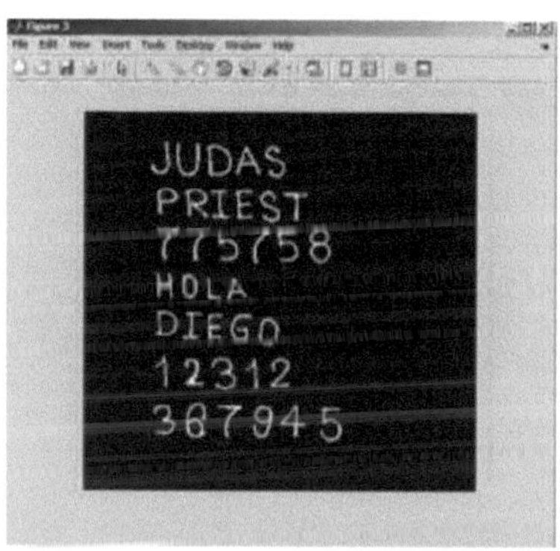

Fig 6.2.3 Imagem limpa de ruído

Fig.6.2.4 Line or string detection from image

Fig.6.2.5 Detection of connected components of a string

Fig 6.2.6. Line or string detection from image

Fig 6.2.7 Detection of connected components of a string

Fig 6.2.9 Line or string detection from image

Fig 6.2.10 Detection of connected components of a string

Fig 6.2.11 Line or string detection from image document

Fig 6.2.12 Detection of connected components of a string

Fig 6.2.13Line or string detection from image document

Fig 6.2.14 Detection of connected components of a string

Fig 6.2.15 Line or string detection from image document

Fig 6.2.16 Detection of connected components of a string

Fig 6.2.17 Line or string detection from image document

Fig 6.2.18 Detection of connected components of a string

Fig 6.2.19 Caraterísticas extraídas da imagem digitalizada em formato editável

6.3. Entrada de texto Imagem 3:

Fig6.3.1 Input image with noise

Fig. 6.3.2 Preprocessing of input image

Fig6.3.3Noise cleaned Image

Fig 6.3.4 Line or string detection from image

Fig 6.3.5 Detection of connected components of a string

Fig 6.3.6 Line or string detection from image

Fig.6.3.7 Detection of connected components of a string

Fig 6.3.8 Caraterísticas extraídas da imagem digitalizada em formato editável

6.4 Entrada de texto Imagem 4:

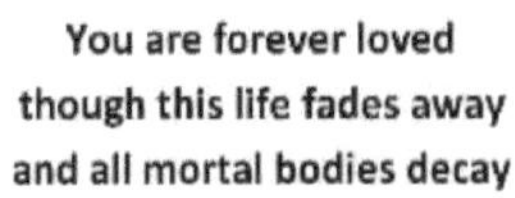

Fig.6.4.1 Input image with noise

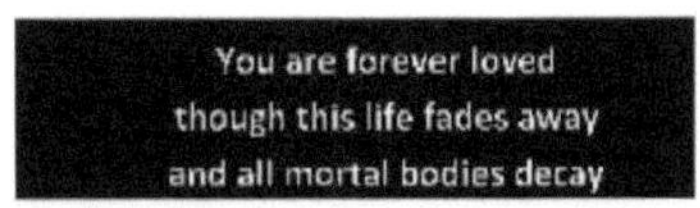

Fig.6.4.2 Preprocessing of input image

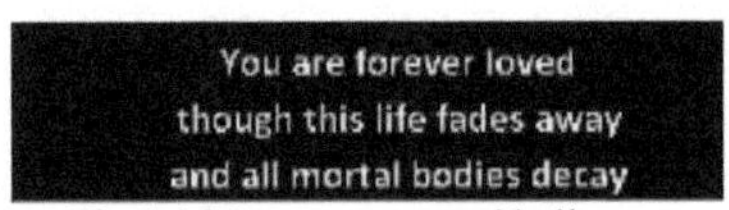

Fig.6.4.3 Imagem com ruído limpo

Fig.6.4.4 Deteção de linhas ou cordas a partir da imagem

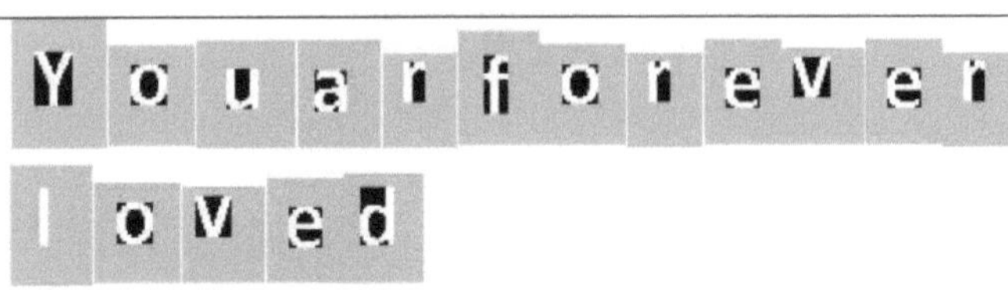

Fig.6.4.5 Detection of connected components of a string

Fig.6.4.6 Deteção de linhas ou cordas a partir da imagem

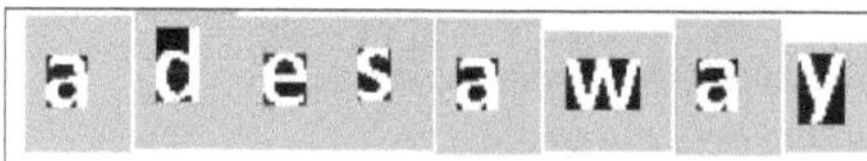

Fig.6.4.7 Detection of connected components of a string

Fig.6.4.8 Deteção de linhas ou cordas a partir da imagem

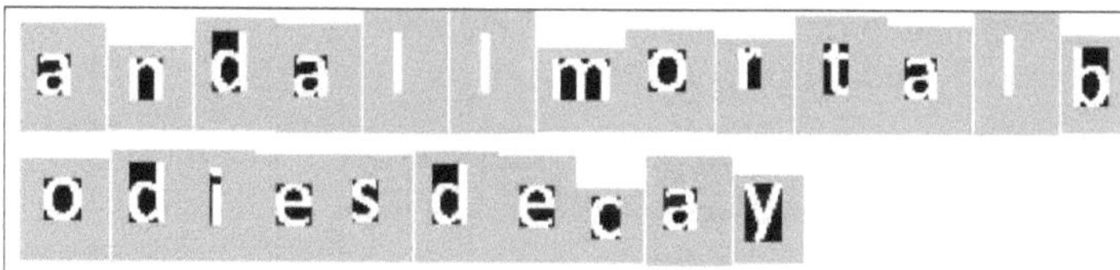

Fig.6.4.9 Detection of connected components of a string

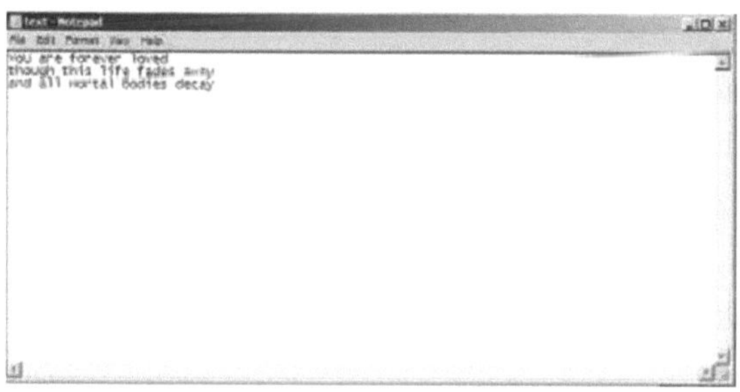

Fig.6.4.10 Caraterísticas extraídas da imagem digitalizada em formato editável

6.5 Entrada de texto Imagem 5:

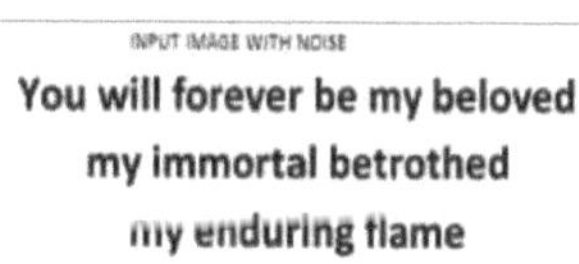

Fig.6.5.1 Input image with noise

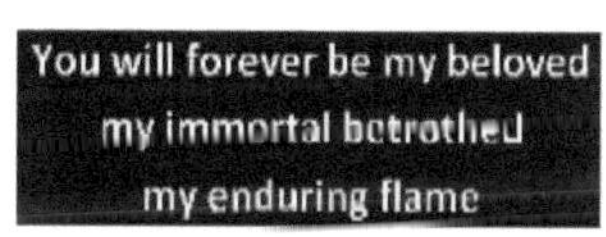

Fig.6.5.2 Preprocessing of input image

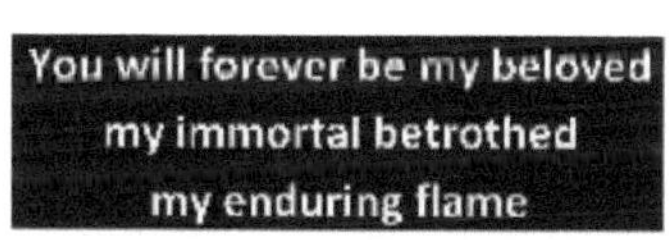

Fig.6.5.3 Imagem com ruído limpo

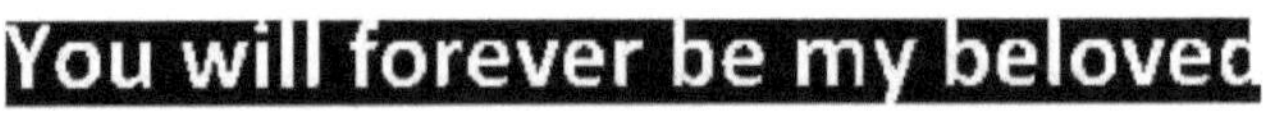

Fig.6.5.4 Deteção de linhas ou cordas a partir da imagem

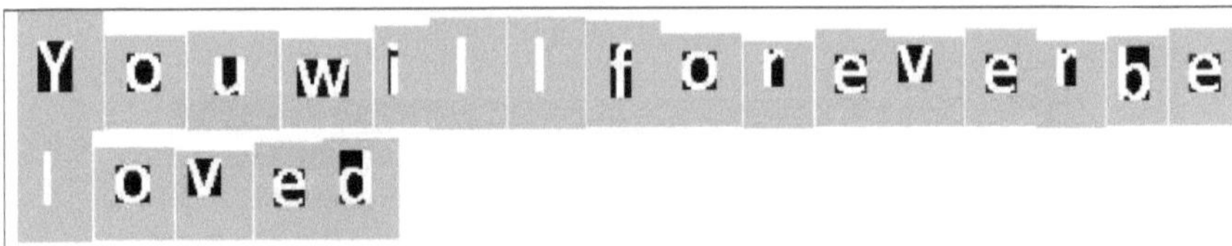

Fig.6.5.5 Detection of connected components of a string

Fig.6.5.6Detecção de linha ou cadeia de caracteres a partir da imagem

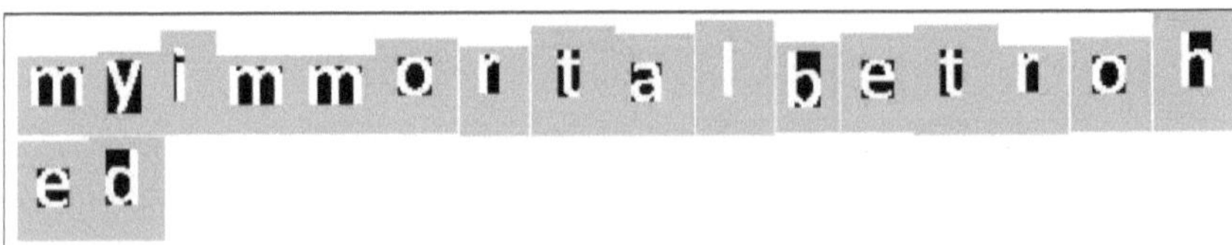

Fig.6.5.7 Detection of connected components of a string

Fig.6.5.8 Deteção de linhas ou cordas a partir da imagem

Fig.6.5.9 Detection of connected components of a string

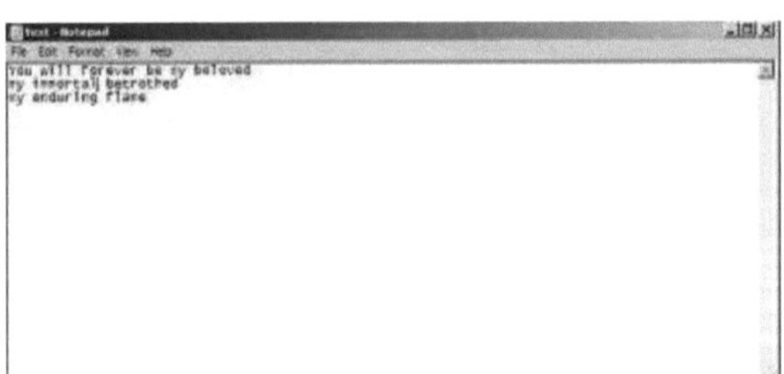

Fig.6.5.10Características extraídas da imagem digitalizada em formato editável

CAPÍTULO 7

CONCLUSÃO

Conclusão

7.1 Resumo:

Nesta tese, apresentamos uma técnica de extração de caraterísticas de imagens digitalizadas e a digitalização ótica é a nova técnica aplicada a um documento de imagem, que converte os dados de saída em bruto para o sistema de reconhecimento ótico de caracteres (OCR). As imagens dos documentos digitalizados contêm uma certa quantidade de ruído. Assim, em primeiro lugar, removemos o ruído presente nestas imagens e, em seguida, extraímos os caracteres das imagens, para podermos verificar a ortografia de todo o documento e, assim, podermos fazer a formatação do documento de acordo com as nossas necessidades.

Inclui a deteção de todo o documento de texto e, em seguida, a deteção da linha de cadeias de caracteres, bem como a deteção dos componentes ligados no documento de imagem de texto. Em seguida, após a extração de cada carácter do documento de imagem de texto, obtemos o documento de texto digitalizado na forma editável no bloco de notas, no qual podemos editar o texto facilmente. Em seguida, podemos efetuar o pós-processamento, como a verificação ortográfica e a formatação do documento de texto.

7.2 Direção futura:

Pós-processamento:

No pós-processamento do texto extraído, podemos verificar a ortografia de todo o documento e, assim, fazer a formatação do documento de acordo com as nossas necessidades. O pós-processamento deste texto extraído pode melhorar o formato e corrigir os erros detectados no documento de imagem digitalizado. Após a verificação ortográfica e a formatação do documento de texto, tentaremos criar uma lógica que permita guardar o texto editado em forma de imagem, ou seja, em formato .bmp, .jpg, .png, etc. Também podemos remover o ruído através de operações morfológicas como a erosão, a dilatação, a abertura e o fecho. O método de erosão e dilatação para a eliminação do ruído não foi testado até à data.

Código fonte do laboratório MAT

```
% Matlab Code for OCR (Optical Character Recognition).
%
%
% ________________________________________________
% PRINCIPAL PROGRAM
warningoff%#ok<WNOFF>
% Clear all
clc, close all, clear all
% Read image
imagen=imread('E.jpg');
% Show image
imagenl = imagen;



figure,imshow(imagenl);
title('INPUT IMAGE WITH NOISE')

% Convert Input image to gray scale image
if size(imagen,3)==3 %RGB image
imagen=rgb2 gray(imagen);
end
% Convert the grayscale image into binary through thresholding method threshold =
graythresh(imagen);

imagen =~im2bw(imagen,threshold);
imagen2 = imagen;

figure,imshow(imagen2);
% title('before bwareaopen')

% Remove all object containing fewer than 15 pixels imagen = bwareaopen(imagen,15);
imagen3 = imagen;
figure,imshow(imagen3 );
```

```
%title('after bwareaopen')

%Storage matrix word from image word=[ ];
re=imagen;

%Opens text.txt as file for write
fid = fopenftext.txt', 'wt');
% Load templates
loadtemplates
global templates

% Compute the number of letters in template file num_letras=size(templates,2);
while 1
%Fcn 'lines_crop' separate lines in text
[fl re]=lines_crop(re); %fl= first line, re= remaining image imgn=fl;
n=0;
%Uncomment line below to see lines one by one figure,imshow(fl);pause(2)
spacevector = [];% to compute the total spaces betweeen
% adjacent letter rc = fl;

while 1
%Fcn 'letter_crop' separate letters in a line
[fcrc space]=letter_crop(rc); %fc = first letter in the line
%rc= remaining cropped line
%space = space between the letter
% cropped and the next letter
%uncomment below line to see letters one by one
figure,imshow(fc);pause(0.5)
img_r = imresize(fc,[42 24]); %resize letter so that correlation
%can be performed
n = n+ 1;
spacevector(n)=space;

%Fcn 'read_letter' correlates the cropped letter with the images %given in the folder
'letters_numbers'
```

```
letter = read_letter(img_r,num_letras);

%letter concatenation
word = [word letter];

ifisempty(rc) %breaks loop when there are no more characters break;
end
end

%
max_space = max(spacevector); no_spaces = 0;

for x= 1 :n %loop to introduce space at requisite locations ifspacevector(x+no_spaces)> (0.75 *
max_space) no_spaces = no_spaces + 1;
for m = x:n
word(n+x-m+no_spaces)=word(n+x-m+no_spaces-l); end
word(x+no_spaces) = ''; spacevector = [0 spacevector]; end end


%fprintf(fid,'%s\n',lower(word));%Write 'word' in text file (lower) fprintf(fid,'%s\n',word);%Write
'word' in text file (upper) % Clear 'word' variable word=[ ];
%*When the sentences finish, breaks the loop ifisempty(re) %See variable 're' in Fen 'lines' break end
end fclose(fid);

%Open 'text.txt' file winopen('text.txt') clearall
```

Code used for paper presentation

```
%%%Matlab code for preprocessing of the text image document%%%%

%
%
%
%
%
```

```
clearall
i=imread ('devnagri.png');
j=rgb2gray(i);
figure,imshow(i)
figure,imshow(j);
figure,imhist(j);
bw=dither(j);
figure,imshow(bw)
K = wiener2(bw,[5 5]);
figure,imshow(K);
bwl=imread('devnagri.png');
se=strel('rectangle',[40 30]);
bw2=imerode(bwl,se);
imshow(bw2)
bw3 =imdilate(bw2,se);
imshow(bw3)

%%% Alternate method of preprocessing of an image %%%
%
%
clearall
i=imread ('devnagri.png');
j=rgb2gray(i);
figure,imshow(i)
figure,imshow(j);
figure,imhist(j);
bw=dither(j);
figure,imshow(bw)
K = filter2(fspecial('average',3),bw)/255;
L = medfilt2(bw,[3 3]);
M = wiener2(bw,[5 5]);
figure,imshow(M);



%%%%Matlab code to determine the threshold value of the text image document%%%
```

```
clearall
I=imread('devnagri.png');
imshow(I)
figure,imtool(I)
J=rgb2gray(I)
figure,imtool(J)
level=graythresh(J) *255;
level
```

REFERÊNCIAS

Referências:

(a) "Limpeza e binarização de imagens de documentos" Victor Wu, R Manmatha: Universidade de Massaclusetts, Amherst,MA 01003-4610 12 de dezembro de 2005.

(b) S.V. Rajashekararadhya, and P.Vanajaranjan, "Efficient zone based feature extraction algorithm for handwritten numeral recognition of four popular south-Indian scripts" Journal of Theoretical and Applied Information Technology, JATIT vol.4, no.12, pp.1171-1181,2008.

(c) Anil.K.Jain e TorfinnTaxt, "Feature extraction methods for character recognition-A Survey," Pattern Recognition, vol. 29, no. 4, pp. 641-662, 1996.

(d) Nitin Khanna e Edward J. Delp "Source Scanner Identification for Scanned Documents" Laboratório de Processamento de Vídeo e Imagem Escola de Engenharia Eletrotécnica e de Computadores Universidade de Purdue West Lafayette, Indiana EUA

(e) Shang Jin1, Yang You2, Yang Huafen3 " A Scanned Document Image Processing Model for Information System" 2010 Asia-Pacific Conference on Wearable Computing Systems

(f) Otsu, N., 1979. "Um método de seleção de limiares a partir de histogramas de níveis de cinzento". IEEE Trans. Systems, Man, and Cybernetics, 9(1), pp. 62-66.

(g) Canny. "A Computational Approach to Edge Detection," IEEE Trans, on Pattern Analysis and Machine Intelligence, vol. 8, no. 6, pp. 679-698, novembro de 1986.

(h) R. C. Gonzalez e R. E. Woods, Digital Image Processing. Addison-Wesley, 1993.

(i) Baird, H. (1988). "Identificação de caraterísticas para classificação híbrida de padrões estruturais/estatísticos", Computer Vision, Graphics & Image Processing, Vol. 42, pp. 318-333.

(j) Fletcher, L.A.; Kasturi, R. (1988) "A Robust Algorithm for Text String Separation from Mixed Text/Graphics Images", IEEE Transactions on Pattern Analysis and Machine Intelligence Vol. 12, No. 6, pp.910-918.

Resume

AJEET KUMAR

Present Address	Contact Details	
Harchand Nagar Narhauli Mathura Uttar Pradesh	**Mobile No:**	+91-9412500484
	E-Mail:	ajeet555777@gmail.com

Career Objective:

To Find An Entry Level Position With An Established Company, And Be Able To Get A Good Learning Experience For Self And Continued To The Organization Purpose With Challenging Work Opportunity.

Educational Qualifications: (Stream:-)

Exam	Year	Institute	Type	Board & University	Main Subjects	Remarks
M. Tech	2017	F.E.T. Agra College Agra	Private	AKTU Lucknow	Computer Science & Engineering	Pursuing
B.Tech	2015	Dr. B.R Ambedkar Engineering college of Information Technology	Govt.	UPTU Lucknow	Information Technology	First Division
12th	2010	KDIC	Private	U.P Board	Physics, Chemistry, Math's, English, Hindi	First Division
10th	2008	NRIC	Govt.	CBSE Board Delhi	Math, Science, Social Science, English, Hindi	First Division

Training:

Organization	Training Topic/Assignment	Duration	Remarks
BSNL	OCB Land Line	4 Weeks	

Professional Skills:	.net (C#, Windows App, Asp.net, oops, MS-SQL), Bootstrap, CSS, HTML, M.S Office, Internet and Known/Operate maximum Software/Operating Systems in the Market, Good Communication Skill ,
Work Experience:	Fresher, GATE Qualify 2016
Project	"**Delhi Interactive Guide**" based on .net Technology using asp.net language with bootstrap.
Hobbies	Listening Music, Internet Surfing, Travelling.

Personal Details		Permanent Address / Contact Details
Father's Name:	Mr. Tej Singh	Harchand Nagar Narhauli Mathura Uttar Pradesh
Mother's Name	Mrs. Vimlesh	
D.O.B:	05/01/1993	

Language Proficiency:	Hindi & English	**Permanent Contact No./ Father's / Guardian Mob. No. - +91 9457555777**
Marital Status:	Unmarried	

Signature

Ajeet Kumar

MIX
Papier aus verantwortungsvollen Quellen
Paper from responsible sources
FSC® C105338

Printed by Books on Demand GmbH, Norderstedt / Germany